# はじめに

皇位継承をめぐる議論が活発化しています。
内閣には、この問題に関する有識者会議（「天皇の退位等に関する皇室典範特例法案に対する附帯決議」に関する有識者会議、以下「有識者会議」と略す）が設置され、ヒアリングも既に五回行われました。有識者会議は今後さらに議論を重ねた上で、菅内閣に対して報告書を提出することになります。

皇位継承に関する有識者会議といえば、小泉内閣時の有識者会議（「皇室典範に関する有識者会議」）がすぐに想起されます。この有識者会議は今から十五年前の平成十七年十一月、「女性天皇」「女系天皇」を容認する最終報告書を提出しましたが、このことは大きな国民的論議を呼び起しました。

我が国の皇位は百二十六代にわたり、一度の例外もなく男系で継承されてきた事実がありますが、国史上前例のない「女系天皇」を安易に認めていいのかという反対意見が多く、国論は二分されたまま、未だに決着を見ていません。

平成十八年には秋篠宮家に悠仁《ひさひと》親王殿下が誕生し、去る令和二年には秋篠宮殿下の立皇嗣《りっこうし》の礼も行われて、皇位継承順位は第一位が秋篠宮文仁《ふみひと》親王、第二位は同悠仁親王であることが確定していますが、問題はその後を継ぐべき男系男子が今の皇族に見当らないことです。

そこで、「女性天皇」を認めたり、皇位を「女系」にまで拡大しようという議論が行われているわけですが、多くの国民は、歴史上一度も存在しなかった「女系天皇」と、例外的に存在した「女性天皇」の区別もよく分からない中で、議論は必ずしも深まっていないのが実情です。

その一方で、ＧＨＱの圧力によって占領下の昭和二十二年に皇籍離脱を余儀なくされた旧皇族（旧宮家）の方々の子孫に、皇籍に復帰していただこうという意見も、日増しに強くなっています。

本書は、こうした諸問題を整理するとともに、占領下で旧皇族が皇籍を離脱しなければならなかった背景について、詳述しています。また、今日までともすれば忘れられがちであった旧皇族についても詳しく紹介すると共に、『昭和天皇実録』に依拠して、皇籍離脱後も旧皇族と皇族を結び付けてきた「菊栄親睦会」の存在にも、積極的に光を当てるものとなっています。こうした点は類書では初めての試みであり、本書の大きな特長と言えるでしょう。

本書により、皇位継承問題が一人でも多くの国民にとって身近なものとなり、この問題の正しい解決に資すれば幸いです。

令和三年六月、著者記す。

# 目次

# 序章　皇位継承の危機の本質と「女性宮家」について

## 「皇位」は男系で継承されてきた

皇位とは、読んで字の如《ごと》く天皇陛下の御位《みくらい》のことを意味しています。
今上天皇は第百二十六代天皇ですので、皇位継承はこれまでに百二十五回あったということになりますが、特筆すべきは、例外なく男系（男子による血統）で継承されてきた歴史的事実があるということです。言い換えれば、日本の天皇はただ一つの例外もなく、父親を辿《たど》れば初代神武天皇に行き着くのです。二千年近い歴史を有する日本の皇室は、言うまでもなく現在まで続く世界最古の王朝ですが、皇統が「万世一系《ばんせいいっけい》」と称《たた》えられるのも、男系によって一糸《いっし》乱れることなく継承されてきた歴史的事実と不可分です。この点が、我が国の皇統と諸外国の王位継承の大きな違いです。

歴史上、これまでにも皇位継承の危機は何度かありましたが、その都度《つど》、我々の先人は皇位の男系継承を守るための努力を重ね、その実現のために凡《あら》ゆる工夫を凝《こら》してきました。男系継承が困難なら、女系継承でもいいと先人が考えたことは、一度としてありません。何故でしょうか。皇位を男系で継承するのは自明のことだったから、と考えるほかありません。

この大原則が今、揺らいでいます。皇位は男系継承で一貫してきたところに、「女系」という新たな原則が持ち込まれ、日本人の天皇観に混乱が生じています。例えば、「女系天皇」と「女性天皇」は、語句が似ているのでよく混同されますが、その意味するところは全く異なります。

皇位を「女系」（女子による血統）でつなげば「女系天皇」ということになりますが、そういった事例は過去に一度としてありません。ですから、「女系天皇」と言ってもそんなものは架空《かくう》の存在でしかなく、天皇ですらないと言われれば、抗弁《こうべん》の余地がありません（少なくとも天皇としての正統性に疑義《ぎぎ》が生じます）。

他方、「女性天皇」は実際に過去に十代八方おられます（飛鳥時代の推古《すいこ》・皇極《こうぎょく》・斉明《さいめい》・持統《じとう》、奈良時代の元明《げんめい》・元正《げんしょう》・孝謙《こうけん》・称徳《しょうとく》、江戸時代の明正《めいしょう》・後桜町《ごさくらまち》の各天皇。皇極・斉明と、孝謙・称徳は同一人物）ので、皇位は必ずしも男子が占有してきたものではありませんが、これらの女性天皇は例外なく「男系」（父親が天皇）であるという点が共通しています。しかも、女性天皇は全員が独身（寡婦《かふ》か未婚）で即位し、譲位（退位）後も独身を貫かれた点でも共通しています。これは、皇位が女系に移ることを警戒したためでしょう。つまり、女性天皇も広義の意味では男系継承の一部であり、皇位を男系で継承するために一時的な「中継ぎ」の役割を果された、と考えられています。

## 「宮家」は何のためにあるのか

もう一つはっきりさせておきたいことは、皇位継承問題を解消するための方策として「女性宮家」を創設すべきだという議論がありますが、そもそも宮家は何のためにあるのかということを考えなくてはいけません。

「宮家」とは、男系による皇統が行き詰《づま》った万一の場合に備えて、次の天皇を出せる家柄のことを意味しています。より具体的には、宮家とは皇位継承権を有する者を当主とする、皇族ご一家のことを指しています。要するに、宮家本来の目的から言って、宮家の当主は皇位継承権を有する方でなくてはなりません。皇位継承権がなければ、そもそも宮家の名に値しないのです。

ところが、そうした宮家の定義からすると、「女性宮家」という言葉は、宮家本来の意味から言ってナンセンスと言わざるを得ません。というのは、皇位継承権を有する方は、今の皇室典範の下では男系男子に限られますから、そもそも女性は宮家の当主としては相応《ふさわ》しくないのです。「女性宮家」という形で、無理に女性を宮家の当主にあてがっても、結局その女性には皇位継承権はありませんので、「女性宮家」から次の天皇を輩出することは、男系継承の原則から言って不可能なのです。

高円宮家《たかまどのみや》、三笠宮家の現在の当主は女性ではないか、という反論もあるかと思いますが、いずれも本来は皇位継承権を有していた故高円宮憲仁《のりひと》親王、故三笠宮崇仁《たかひと》親王が当主でした。当主が薨去《こうきょ》されたため、一時的にその妃《きさき》が当主をしておられるに過ぎず、高円宮も三笠宮もご本人及びその子女（女王）が薨去もしくは結婚により皇籍を離脱されれば、その時点で当該《とうがい》宮家は断絶します。

いざという時に天皇を輩出するのが「宮家」の目的なのに、「女性宮家」から天皇を出すことは出来ません。その意味で、宮家とは言えないにも拘《かかわ》らず、「女性宮家」という言葉を敢えて使うのは、将来そこから「女性天皇」や「女系天皇」を輩出しようという邪《よこしま》な意図があってのことではないか、と勘《かん》ぐらざるを得ません。

## 菅政権の提示した、注目すべき「聴取項目」

冒頭で紹介した今般の有識者会議がヒアリングを行うに当って、政府は十項目の「聴取項目」を設けていますが、それは次のようなものです。（傍線引用者、以下同様）

問1　天皇の役割や活動についてどのように考えるか。
問2　皇族の役割や活動についてどのように考えるか。
問3　皇族数の減少についてどのように考えるか。
問4　皇統に属する男系の男子である皇族のみが皇位継承資格を有し、女性皇族は婚姻に伴い皇族の身分を離れることとしている現行制度の意義をどのように考えるか。
問5　内親王・女王に皇位継承資格を認めることについてはどのように考えるか。その場合、皇位継承順位についてはどのように考えるか。
問6　皇位継承資格を女系に拡大することについてはどのように考えるか。その場合、皇位継承順位についてはどのように考えるか。

問7　内親王・女王が婚姻後も皇族の身分を保持することについてはどのように考えるか。その場合、配偶者や生まれてくる子を皇族とすることについてはどのように考えるか。

問8　婚姻により皇族の身分を離れた元女性皇族が皇室の活動を支援することについてはどのように考えるか。

問9　皇統に属する男系の男子を下記①又は②により皇族とすることについてはどのように考えるか。その場合、皇位継承順位についてはどのように考えるか。

①　現行の皇室典範により皇族には認められていない養子縁組を可能とすること。

②　皇統に属する男系の男子を現在の皇族と別に新たに皇族とすること。

問10　安定的な皇位継承を確保するための方策や、皇族数の減少に係る対応方策として、そのほかにどのようなものが考えられるか。

（補注　問5・問7の「内親王」とは、天皇の嫡系《ちゃっけい》で二親等以内の女子または天皇の姉妹を指し、現在の皇室では愛子内親王・眞子内親王・佳子内親王の三方が該当します。「女王」はそれ以外の皇族女子を指し、現在の皇室では故寛仁《ともひと》親王第一女子の彬子《あきこ》女王・同第二女子の瑶子《ようこ》女王・故高円宮憲仁親王第一女子の承子《つぐこ》女王の三方が該当します）

以上は平成二十九年六月、「天皇の退位等に関する皇室典範特例法案」が可決成立した際の附帯決議に、「政府は、安定的な皇位継承を確保するための諸課題、女性宮家の創設等について」検討するとあったことに鑑み、「安定的な皇位継承を確保するための諸課題」について列記したものですが、問4が皇位を男性皇族に限定している現在の皇位継承制度に関する質問、問5・問6が女性天皇・女系天皇に関する質問、問7が女性宮家に関する質問、問8がいわゆる「皇女」の制度に関する質問、問9が旧皇族（旧宮家）の皇籍復帰に関する質問となっています。

この十項目の聴取項目で注目すべきは、皇族（問4）と旧皇族（問9）の双方に「皇統に属する男系の男子」という同一の表現を使用していることです。このことは殆《ほとん》ど注目されていませんが、重大な意義を有しています。というのは、この表現は現行皇室典範第一条の次の条文に依拠したものだからです。

第一条　皇位は、皇統に属する男系の男子が、これを継承する。

この条文は、皇位継承資格が「皇統に属する男系の男子」だけにあることを明記しています。皇位の男系継承を謳《うた》った条文ですが、注目すべきは、現在は皇位継承資格のない旧皇族に対しても、「皇統に属する男系の男子」という同一の表現を用いている点です。何故、皇族だけでなく旧皇族に対しても、皇室典範第一条の言う「皇統に属する男系の男子」という表現を用いたのでしょうか。

実は、現行皇室典範制定時（昭和二十二年五月）には、旧皇族はれっきとした皇族であり、皇位継承資格を有していました。旧皇族が皇籍を離脱したのは同年十月のことであり、皇室典範は旧皇族の皇位継承権を当然のこととして認めているのです。そのことは、皇室典範第二条が皇位継承順位を次のように定めていることからもわかります。

第二条　皇位は、左の順序により、皇族に、これを伝える。

（中略）

② 前項各号の皇族がないときは、皇位は、それ以上で、最近親の系統の皇族に、これを伝える。

③ 前二項の場合においては、長系を先にし、同等内では、長を先にする。

傍線は旧皇族、すなわち直宮《じきみや》以外の十一宮家に属する皇族を指しています。このように、現行の皇室典範は皇族だけでなく、旧皇族も「皇統に属する男系の男子」として同等に扱っており、旧皇族はその後の皇籍離脱によって皇族ではなくなったものの、皇室典範の条文規定上、依然として皇位の潜在的継承者たる資格を失っていない、と言えるのです。

その上、第二章で詳《くわ》しく述べる通り、旧皇族は自らの意思で皇籍を離脱したのではなく、占領軍の圧力によって理不尽《りふじん》に皇籍を剥奪《はくだつ》された歴史的事実があるわけですから、旧皇族の皇籍復帰は、現行の皇室典範の条文上の規定から言っても、当然のことと言えるのです。

今回、菅政権が「皇統に属する男系の男子」という、皇室典範第一条に依拠した皇位継承資格者であることを示す表現を、皇族だけでなく旧皇族についても用いたのは、以上のような歴史的経緯を踏まえると、重大な歴史的意義があると言わねばなりません。

# 第一章　もっと知りたい、「旧宮家」「旧皇族」のこと

## 「直宮家」と「十一宮家」の違いについて

終戦時の日本には、十四の宮家が存在していました。

皇族と言っても大きく分けて二種類あり、直宮家《じきみやけ》とそれ以外の十一宮家に大別できます。

直宮家というのは、天皇の皇子《みこ》や兄弟により創設された宮家のことで、宮号《みやごう》は時の天皇から賜《し》与《よ》されたものです。当時は昭和天皇の弟君が立てた三つの宮家がありました。秩父宮・高松宮・三笠宮です。秋篠宮・常陸《ひたち》宮といった現在の宮家も、これに当てはまります。秋篠宮は今上天皇の弟君ですし、常陸宮は上皇陛下の弟君に当るからです。

そしてもう一つが、それ以外の十一宮家ということになります。これが旧皇族（旧宮家）と言われる方々ですが、昭和二十二年に皇籍を離脱したため、現在は宮家としては存在しません。

十一宮家について、宮家の創設の古い順に示すと、次のようになります。

伏見《ふしみ》宮　応永《おうえい》十六年（一四〇九）、初代栄仁《よしひと》親王
閑院《かんいん》宮　享保《きょうほう》三年（一七一八）、初代直仁《なおひと》親王
山階《やましな》宮　元治《げんじ》元年（一八六四）、初代晃《あきら》親王

北白川《きたしらかわ》宮　明治三年（一八七〇）、初代智成《さとなり》親王（照光院宮を改称）
梨本《なしもと》宮　明治三年（一八七〇）、初代守脩《もりおさ》親王（梶井宮を改称）
久邇《くに》宮　明治八年（一八七五）、初代朝彦《あさひこ》親王
賀陽《かや》宮　明治三十三年（一九〇〇）、初代邦憲《くにのり》王
東《ひがし》伏見宮　明治三十六年（一九〇三）、初代依仁《よりひと》親王
竹田宮　明治三十九年（一九〇六）、初代恒久《つねひさ》王
朝香《あさか》宮　明治三十九年（一九〇六）、初代鳩彦《やすひこ》王
東《ひがし》久邇宮　明治三十九年（一九〇六）、初代稔彦《なるひこ》王
（宮家の創設年は、『皇室事典　制度と歴史』に依《よ》った）

これを見ると一目瞭然ですが、南北朝期に創設された伏見宮と江戸時代に創設された閑院宮を除けば、殆どの宮家が幕末から明治期にかけて創設されたことがわかります。

家柄として一番古いのは伏見宮で、初代の栄仁《よしひと》親王は北朝第三代崇光《すこう》天皇の第一皇子です。「皇籍離脱した旧皇族十一宮家の略系図」（次頁）をご覧いただくとわかりますが、伏見宮は第三代目に当る貞成《さだふさ》親王の皇子である彦仁《ひこひと》親王が後花園天皇として即位することで、皇統断絶の危機を救った実績を持っています。そのため、伏見宮は近世以前には「世《せ》襲《しゅう》親王家《しんのうけ》」（四親王家）の筆頭として重きをなしていました（「世襲親王家」とは、南北朝時代から江戸時代にかけて代々「親王宣下《せんげ》」を受け、親王であり続けた四宮家（伏見宮・桂宮・有栖川《ありすがわ》宮・閑院宮）を言い、四親王家とも言

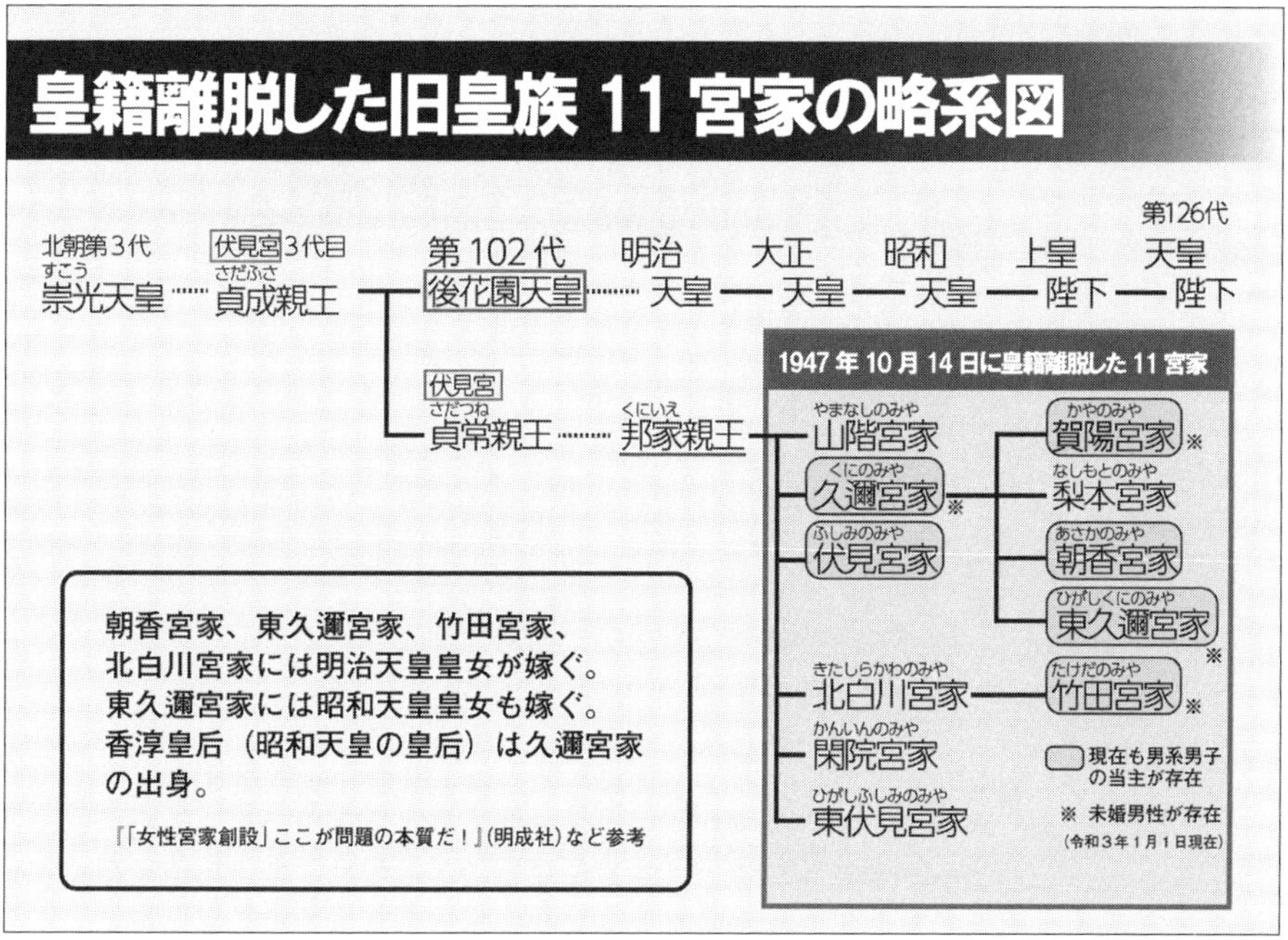


います）。

一方、幕末以降にできた殆どの宮家は、この伏見宮（邦家《くにいえ》親王）から枝分れしたものです。その意味で伏見宮は昭和二十二年に皇籍離脱した十一宮家全ての源流であるとも言え、これらの宮家は一括して「伏見宮系」と呼ばれることもあります。

伏見宮に次いで古いのは閑院宮で、伏見宮と並ぶ世襲親王家（四親王家）の一つであり、江戸時代に新井白石の献策によって創設されました（上図を見ると、閑院宮家も幕末の邦家親王から枝分れしたように見えますが、これは邦家親王の王子であった載仁《ことひと》親王が後継ぎのいなくなった閑院宮を継いだためであり、閑院宮自体の創始は江戸時代に遡《さかのぼ》ります）。

次頁の「閑院宮系図」をご覧いただくとわかるように、東山天皇の皇子であった直仁《なおひと》親王を初代としており、第二代の典仁《すけひと》親王の第

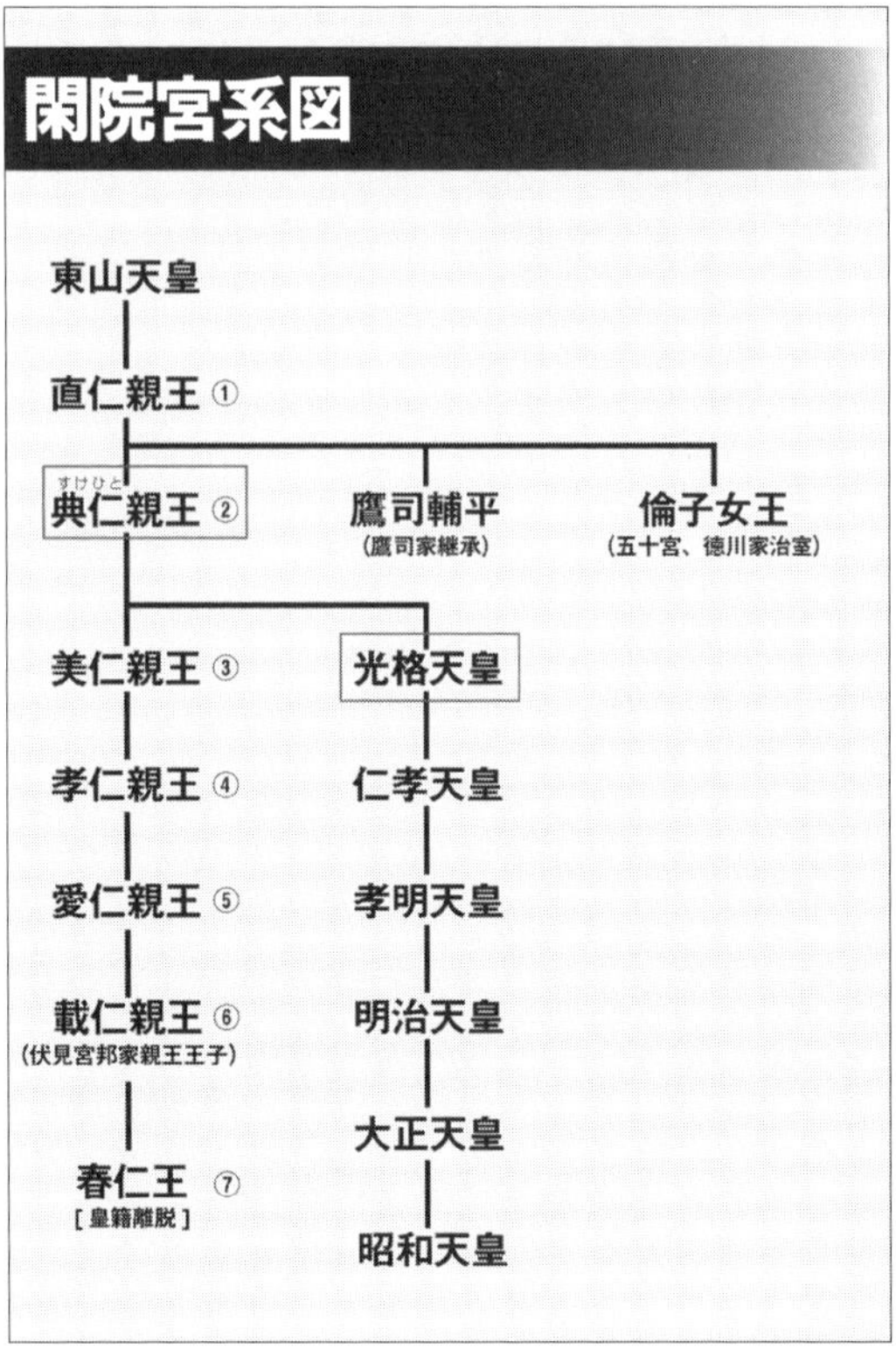


六王子であった兼仁《ともひと》親王が、光格天皇としてお立ちになっています。

元々この方は、天皇になることは想定されておらず、出家して仏門に入る予定でした。しかし、先帝の後桃園《ごももぞの》天皇が若くして崩御し、直系の男子がいなかったことから、天皇家から見ると傍系《ぼうけい》に当る閑院宮から急《きゅう》遽《きょ》、光格天皇として立たれました。天皇として立たれたのは、僅《わず》か十歳のことです。

しかし、この系図を見るとおわかりのように、光格天皇は血筋の上でも、現在の皇室と直結しています。光格天皇は、現在の皇室の直接の祖先に当るのです。ですから、後花園天皇を輩出した伏見宮もそうですが、光格天皇を輩出した閑院宮は皇統の危機を救ったばかりか、光格天皇の子孫が今上天皇まで直系でつながっていますので、今の皇室があるのは閑院宮があったおかげと言えます。光格天皇を輩出した閑院宮という「血のスペア」がなければ、現在の皇室はなかったということが言えるのです。

## 直系を何本かの傍系で支えたからこそ、「万世一系」が可能になった

しかし、光格天皇ご自身は、当時の皇室から見れば血筋の全く異なる傍系ですから、当時の皇室にとっては完全な「よそ者」です。ですから光格天皇は、天皇に立たれた当時は、周囲の皇族や公家から、白い目で見られるのです。そういう「よそ者」意識に常に苛《さいな》まれながら、立派に天皇として成長されたのが光格天皇です。

しかも、今の皇室が存在するのは、皆その光格天皇あってのことなのです。この時に光格天皇が立たれなければ、今の皇室は存在していません。

これは、感覚としては、今の皇室と旧皇族の関係と似ている、と言えるかもしれません。例えば、悠仁親王が将来のいつの時点でか、天皇に立たれることになりますが、その後を継ぐ天皇がおられないということが、現在の皇統の危機の根源です。その場合に、旧皇族から天皇を急に立てれば、その天皇は周囲から、あるいは国民やマスコミから白い目で見られることは必定《ひつじょう》です。二百年前に光格天皇が嘗《な》められた境遇は、正にそういったものでした。

しかし、それでいいのです。天皇が直系から傍系に移っても、それをよしとしてきたのが我が国の歴史であり、皇統なのですから。

このように、皇室の系図を見ますと、その時々の天皇の直系ということを必ずしも重んじてい

ません。天皇の直系、すなわち直宮に次の天皇になるべき適当な方がおられなければ、それは取りも直さず皇統の危機を意味しますが、その場合は皇統は直系から傍系に移ります。傍系に移っても、構わないのです。何故なら、直系だろうが傍系だろうが、初代神武天皇と男系でつながっているという一点においては、全く同じだからです。これが、天皇を立てる際の原則です。

今の皇室も二百年前に遡《さかのぼ》れば、閑院宮から出た傍系の皇族なのだということを、我々は肝《きも》に銘じておく必要があります。皇位継承においては、その時々の皇室と血統的に近いことが、必ずしも絶対の条件ではないのです。直系を何本かの傍系（宮家）が支える形で、時には傍系が直系と入れ替わる形になっても、全体として神武天皇以来の皇統を男系で継承する。これが「万世一系」ということの本当の意味、本当の姿なのです。

なお、光格天皇が立派な天皇として成長されたその陰には、年若い光格天皇の指導を惜しまれなかった後桜町上皇（女性）のご存在があったことも大きいことを、指摘しておかねばなりません。将来、旧皇族の子弟や子孫の中から天皇を出すとするなら、今の皇室、とりわけ上皇陛下や上皇后陛下、それに天皇皇后両陛下の温かいご指導は不可欠になってきます。この点に関しては、筆者は何も心配していませんが、光格天皇のように周囲（マスコミや国民も含む）から「白い目」で見られないためにも、今の時点から自然な形で旧皇族が皇籍に復帰できるような環境を整えておくべきです。

その時期は早ければ早いほど、万一の際には傍系への移行もスムーズになります。以上の点は、歴史の教訓として言えることです。

## 皇籍離脱した十一宮家には、明治天皇や昭和天皇の内親王も含まれていた！

さて、それでは皇籍離脱した十一宮家には、具体的にはどのような方がおられるのでしょうか。このことを、我々国民は殆ど知りませんが、ここではその何人かについて紹介しておきたいと思います。

次頁に「皇籍離脱した十一宮家」の一覧表を掲げましたが、これは昭和二十二年十月に皇籍を離脱した十一宮家・五十一名のお名前を、宮家毎に示したものです。五十一名中、男性は二十六名、女性が二十五名ですが、お名前のところが少し濃くなっているのが女性です。男性はいずれも「皇統に属する男系の男子」ですので、皇位継承資格があり、実際に皇位継承順位をお持ちでした。男性のお名前の下方だけにある数字は、皇籍離脱前の皇位継承順位を示しています。

お名前の後の〔括弧《かっこ》〕の中は、皇籍離脱時の年齢（数え年）です。この五十一名中の最年長は梨本宮守正《もりまさ》王で、七十四歳です。逆に最年少は東久邇宮《ひがしくにのみや》文子《ふみこ》女王で、二歳です。

まず、教科書にも出てくる人物として誰もが知っているのは、東久邇宮の当主であった稔彦《なるひこ》王でしょう。稔彦王は昭和天皇の命により初の皇族内閣を組閣し、昭和二十年八月から十月まで、戦後最初の内閣総理大臣として終戦処理に当りました。

この東久邇宮には、国民が知っておくべき重要人物が複数います。そのお一人は、稔彦王の王妃であった聡子《としこ》妃です。①の番号を振っていますが、この方は、明治天皇の内親王の泰宮《やすのみや》（第九皇女）です。もうお一人は、稔彦王と聡子妃の間に生れた第一男子である盛厚《もりひろ》王に嫁がれた、成《しげ》

# 皇籍離脱した十一宮家

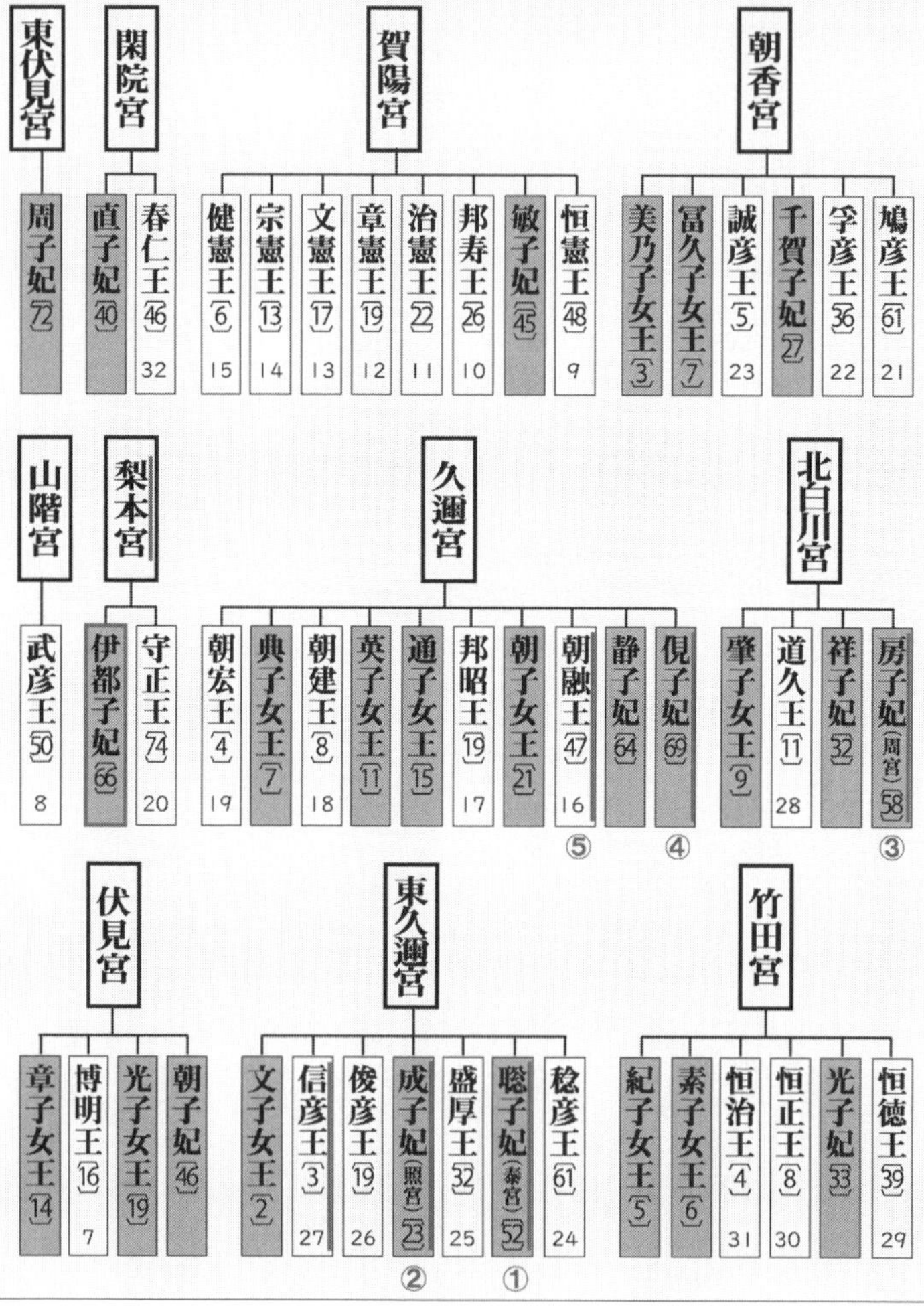


〔　〕内は皇籍離脱当時のかぞえ年齢　　▇▇は女性
男性の下にある数字は、皇籍離脱時の皇位継承順位

子《こ》妃（②）です。この方は照宮《てるのみや》と呼ばれて国民にも親しまれた、昭和天皇の内親王（第一皇女）です。現在の上皇陛下のお姉様に当ります。すなわち、東久邇宮家には、母方の血筋を通じて、明治天皇と昭和天皇からの血筋が二重に流れている、ということになります。

他にも同様の例があります。例えば北白川家に嫁《とつ》がれた房子《ふさこ》妃（③）は、やはり明治天皇の内親王であった周宮《かねのみや》（第七皇女）です。このように、旧皇族（旧宮家）の中には元の皇族、それも明治天皇や昭和天皇の皇女といった、尊貴な身分の方も複数名含まれています。

それから、もう一つ旧皇族を語る上で欠かせないのは、久邇宮家です。これは香淳《こうじゅん》皇后、つまり昭和天皇の皇后を出した実家になります。久邇宮俔子《ちかこ》妃（④）、この方は香淳皇后のお母様で、昭和天皇の義理の母ということになります。⑤の朝融《あさあきら》王は、香淳皇后のお兄様で、昭和天皇の義理の兄です。このように、一口に旧皇族と言っても、今の皇室の御親族に当る方が何人もおられます。このことを、我々国民は常識として、是非とも知っておかねばなりません。

この十一宮家は、直宮とは血筋が遠く離れている、ということがよく言われます。確かに昭和天皇の弟君ばかりの直宮と、残りの十一宮家を比べると、血統的には非常に離れていることは事実ですが、それでも二つの点において共通点があります。

共通点の第一は、初代神武天皇の血を男系で継承している、ということです。この点で旧皇族に属する二十六名の男子の方々は、皇室典範第一条に言う「皇統に属する男系の男子」なのです。

共通点の第二は、東久邇家や北白川家がそうであるように、明治天皇の皇女や昭和天皇の皇女が次々と嫁いだことにより、あるいは久邇家がそうであるように、昭和天皇と婚姻関係を結んだことにより、今の皇室とも親戚関係にある宮家が多いということです（明治天皇は、既述した東久邇宮と北白川宮以外にも、第六皇女の昌子《まさこ》妃を竹田宮に、第八皇女の允子《のぶこ》妃を朝香宮に嫁がせておられます。明治天皇には十方の内親王（皇女）がおられますが、うち六方は夭折《ようせつ》していますので、成人した内親王は四方全員が旧宮家に嫁がれたことになります）。

旧宮家というと、七十年前に皇籍を離脱された方々で、もう完全な民間人になりきっていて、今さら皇族には戻れないように多くの国民が錯覚していますが、それは全くの誤解です。何故なら旧皇族と今の皇族は、第三章で述べる「菊栄《きくえい》親睦会」等の交流を通じて、現在も親密な関係が続いているからです。

# 第二章　旧皇族が皇籍離脱を余儀なくされた理由

## 占領軍は、なぜ旧皇族を否定したのか？

皇籍離脱の背後にあったのは、占領軍の圧力でした。

占領軍は十一宮家の人々をどのように見ていたかということを示す文書が残っていますが、それを見ますと、十一宮家の人びとは直宮と違い、「天皇となるべき可能性の非常に少ない者」だから、そのような者にまで「国費を支給する理由はない」と考えていたことがわかります。

また、彼らはこういうふうにも言っています。「天皇となるべき可能性の非常に少ない者まで皇族としておいて、これに皇族費を支出し、その反面、個人としての自由を束縛するのは、人間の本然《ほんねん》の自由を不当に束縛するものである」（昭和二十一年十一月八日、経済科学局（ＥＳＳ）ウォルターの発言）と。

直宮以外の十一宮家の皇族は、「天皇となるべき可能性」が非常に低い、というのは事実です。世襲親王家、もしくは宮家の存在そのものが、皇統が途絶える万一の場合に備えているわけですから、外国人には「無用の長物」と見えたのは、致し方のないことかもしれません。

実際の歴史を見ても、何百年に一度という頻度でしか、彼らの出番はありません（ここで言う「出番」とは、宮家から実際に天皇を輩出することを指します）。先ほどの例で言いますと、伏見宮から立たれた後花園天皇が即位されたのは室町時代、十五世紀前半のことで、閑院宮から立たれた光格天皇が即位されたのは江戸時代、十八世紀の後半です。

このように、世襲親王家（今で言う宮家）から天皇になるという事例は、歴史的に見ても数百年に一度しかめぐってこないのですが、後花園天皇の場合も光格天皇の場合も、世襲親王家が存在したが故に、皇統断絶の危機は回避され、それが現在の皇室までつながっているわけです。

このことの歴史の重み、事実の重みというものを考えれば、「天皇となるべき可能性の非常に少ない者」だからと言って、国費の無駄遣いだという占領軍の論理が、如何《いか》に間違っているかがわかります。

ましてや、「個人としての自由を束縛するのは、人間の本然の自由を不当に束縛するものである」というのは、如何にもアメリカ人の考えそうなことですが、「個人としての自由を束縛する」結果になろうとも、皇統の危機を回避するためにはあえて不自由をお願いする。それが日本の歴史であり、また現にそうしてきたからこそ、日本の皇室は世界で唯一、男系による「万世一系」を維持することが可能になったのです。「血のスペア」がなくなってしまったら、直系による皇位継承が不可能になったその時点で、皇統は途絶《とだ》えてしまいます。今の皇室の危機、皇統の危機をもたらしている根本原因はそこにあるのです。

ですから、占領軍が直宮以外の十一宮家を否定し、皇籍離脱を強要したことによって、皇統の危機の備えである十一宮家の存在がなくなってしまった事実こそが、皇位継承をめぐる今日の混乱と、男系子孫の枯渇《こかつ》をもたらした直接の原因になっているのです。このことを是非、日本国民は知らねばなりません。

## 占領軍は如何にして、十一宮家を皇籍離脱に至らしめたのか?

占領軍は、皇室を「日本一の財閥」とみなしていました。これは彼らの完全な誤解でしたが、そういう誤解に基づいて占領軍は、財閥解体の一環として皇室財産の剥奪《はくだつ》を図ったのです。そしてその犠牲になったのが、旧宮家だったのです。

具体的に占領軍は何をやったかというと、皇室の財産を根こそぎ奪ったのです。宮家には、国費から毎年の生活費が「歳費《さいひ》」として支払われていましたが、占領軍はこれをストップすべく、昭和二十一年五月、歳費の打ち切りと財産税の課税を指令します。

この指令が出された直後に、直宮である高松宮は次のように述べておられます。

《コンドノMC〔マッカーサー〕指令ノコト、……陛下ガホントニ皇族ト一緒ニヤッテユクト云フ御決心ガコノ際ハッキリセネバ臣籍降下ノホカナカルベシ、即チ物質的ニモ皇族トシテナリタチユカヌワケナリト意見ヲノブ》

(『高松宮日記』第八巻)

占領軍の指令は、皇族の生活費として支給されていた毎年の歳費を凍結するものでしたから、そのようにされてしまっては、皇族はたちまち生活に困窮してしまって、このままでは臣籍降下

（皇籍離脱）するほかなくなるのではないかと、ここで高松宮は心配されているわけです。
実際、事態は高松宮の危惧《きぐ》された通りに進んでいきます。
先ほど、十一宮家の中で最長老だったのは梨本宮守正王だったと指摘しましたが、その妃《きさき》だった伊都子《いつこ》妃は、手記に次のように書いておられます。

《戦争に負け第一生命本社にマッカーサー司令部が乗り込んで来ると、まず第一に皇族費が削られてしまいました。総理大臣の年俸が一万円か一万二千円のじだいに、梨本家は三万八千円でした。（中略）この歳費《さいひ》が止められてしまったのです。（中略）
宮家の運営や生活はすべて宮内省に頼りきっていたのですが、貯金は封鎖され、皇族費という収入の途《みち》が絶たれては、売り食いするしか方法がありませんでした。そこで焼け残った土蔵の中から、床の間の置物をはじめとして、大きい品物から売ったのです。ところが悲しいかな、私には物の値段が全然わかりません。すべてよきに計らえ……式に〔宮内省の〕職員に任せてしまいました。売ったお金のほとんどをこの事務官に誤魔化され、二台の自動車も売り渡してしまいました。》
（梨本伊都子『三代の天皇と私』）

このようにして、各宮家では急速に生活が立ちいかなくなっていきますが、これに追い打ちをかけたのが、財産税の課税でした。日常の生活費である歳費を断たれた上に、累進《るいしん》課税により資産の八割から九割近くも課税された結果、宝石類の処分などでは到底追い付かず、多くの皇族が別邸や本邸までをも、次々と処分せざるを得なくなったのです。

先ほども紹介した梨本宮伊都子妃の日記は、土地や家屋の売却に日々追われ、その都度《つど》、言い値で買い叩《たた》かれてみじめな思いをする、愚痴とも悲鳴ともつかぬ記述で覆《おお》い尽されています。伊都子妃の手記から、もう少し引用してみます。

《昭和二十二年になりますと、GHQから「皇族及び元皇族も財産税を収めよ」という指令が出されました。その額がなんと財産の八割もかかって来たのです。（中略）

梨本宮家の財産は三六八八万円と見なされ、財産税が二五六六万円、臣籍降下の一時金が一〇五〇万円ですから、税金の半分にも足りません。そこで第一に別邸から処分せねばなりませんでした。（中略）

本邸の敷地まで切り売りしてやっと国民の義務を果たしましたが、雲の上から下界の荒波に老夫婦が投げ込まれたのです。……だがこれも運命と諦め、小さな仮住居に老人二人が肩を寄せあって、余生を送ることになったのです。》

（同右）

このようにして、十一宮家に属する皇族はその資産の殆どを失う結果になりましたが、これを救済する手立ては、もはや天皇にも政府にもありませんでした。宮内府次長だった加藤進は、当時の苦しい胸の内を、次のように回顧しています。

《占領軍の皇室財産の凍結により、もう宮内省から皇族方の費用が出ませんし、そうなれば国庫より支出する以外にありませんが、これもどのような根拠で出すかが実に難しいと考えていました。皇族には天皇と秩父、高松、三笠のいわゆるお直宮とそれ以外の皇族とにわかれますが、このお直宮を除きますと残りの皇族の方々は血筋からいっても大変遠い御存在でございます。とにかく天皇とお直宮を守ることが絶対に必要だった当時の状況から考えたとき、ぜひとも臣籍に自ら降下していただく以外にはありませんでした。》

（加藤進「戦後日本の出発――元宮内次官の証言」、『祖国と青年』昭和五十九年八月号）

当時の日本は、国体を護持し得るかどうかも覚束《おぼつか》ない、危機的情況にありました。先ほど紹介した旧皇族の最長老の梨本宮守正王は、昭和二十年十二月、戦争犯罪人の容疑者に指名され、巣鴨プリズンに収監されてしまいます（翌昭和二十一年四月に釈放）。

皇族の最長老が戦犯容疑者に指名されたということは、いずれ天皇にも累《るい》が及ぶのではないかということで、日本中がパニックに陥りました。これは、意図的にそうすることで日本人を震撼《しんかん》せしめるという占領軍の狙いでしたが、そのような情況下にあっては、まずは天皇と直宮のお三方を守ることが絶対に必要であり、皇統の万一の場合に備えた「血のスペア」としての十一宮家は、結局はその犠牲にならざるを得なかったのです。

占領軍は、真綿《まわた》を締めるようにして経済的な締め付けを強化し、旧皇族が皇籍を離脱せざるを得ないように、巧《たく》みに誘導しました。その結果、敗戦から二年後の昭和二十二年十月十四日に、ついに十一宮家・五十一方は皇籍離脱を余儀《よぎ》なくされるのです。

## 昭和天皇は、十一宮家の消滅にどう対処されたか

その時の、昭和天皇のお言葉が残っています。

先ほどの梨本伊都子妃は、その時のお言葉を日記に次のように書きとめています。

《此度《このたび》、臣籍に降下になるとも、皇室との交際はちっともかはらぬ。どうか今後とも、時々、御親しく参られて、御歓談のほど、又、御家御発展の事を祈る》（小田部雄次『梨本伊都子妃の日記』）

『昭和天皇実録』を見ますと、この時の昭和天皇の挨拶は、正式には次のようなものだったことがわかります。

《此《こ》の際、一言御挨拶を申し述べたい。皇族としての皆さんと食事を共にするのは今夕が最後であります。しかしながら、従来の縁故と云ふものは今後に於いても何等変るところはないのであつて、将来愈々《いよいよ》お互い親しく御交際を致し度《た》いと云ふのが私の念願であります。皆さんもよく私の気持ちを御了解になつて機会ある毎に遠慮なく親しい気持ちで御話にお出でなさるように希望致します。》

昭和天皇は、占領軍の圧力によって十一宮家の全員が皇籍を離脱し、皇族の身分を離れて一般国民とならざるを得ないことに対して、誠に断腸《だんちょう》の思いを持たれていました。そのお気持ちが、「臣籍に降下になるとも、皇室との交際はちっともかはらぬ」、「従来の縁故と云ふものは今後に於いても何等変るところはないのであつて、将来愈々お互い親しく御交際を致し度い」というお言葉に、よく表れています。

これは、単なる社交辞令や、一時しのぎの気休めのお言葉ではありません。何故かといえば、この昭和天皇のお言葉通り、皇族と旧皇族の関係はその後も途絶えることがなかったばかりか、旧皇族が皇籍を離脱してから七十年が経《た》った現在においても、依然として両者の親しい交わりが続いているからです。そのことを証拠立てるのが、昭和天皇が始められた「菊栄親睦会」の存在なのです。

# 第三章　菊栄親睦会――皇族と旧皇族はこんなに親しく接してきた

## 菊栄親睦会について

「菊栄親睦会」は、存在そのものはよく知られているものの、その実態はベールに包まれています。そんな中で、故寛仁《ともひと》親王が次のように言及されているのは、貴重な証言と言うべきでしょう。

《みなさんが意外とご存知ないのは、我々現職の皇族と旧宮家の方々はすごく近しく付き合ってきたことです。それは先帝様〔昭和天皇〕のご親戚の集まりである「菊栄親睦会」をベースとして、たとえばゴルフ好きが集まって会を作ったりしています。また、お正月や天皇誕生日には、皇族と旧皇族が全員、皇居に集まって両陛下に拝賀というご挨拶をします。最初に我々皇族がお辞儀をして、その後、旧皇族の方々が順番にご挨拶をしていく。ですから〔旧皇族の皇籍復帰は〕我々にはまったく違和感などありません。》（『皇室と日本人――寛仁親王殿下　お伺い申し上げます』）

このように、寛仁親王は皇族の立場から菊栄親睦会の集まりについて、その一端を語っておられますが、如何《いかん》せん、菊栄親睦会について詳しく書かれた文献は、今のところ殆どありません。

唯一の例外が、『昭和天皇実録』（以下、『実録』と略す）です。『実録』は、宮内庁が編纂《へんさん》した昭和天皇に関する編年体《へんねんたい》の記録ですが、何しろ全部で十八巻もある膨大なものですので、『実録』に収められた菊栄親睦会の全容は、未だ誰も紹介したことがありません。

筆者は、菊栄親睦会が発足した昭和二十二年から、昭和の末年までの四十年間の『実録』の記録を、数か月かかって調べ上げました。その成果は、「菊栄親睦会の基礎的研究」として、日本国史学会の紀要『日本国史学』第十七号で詳述していますが、本章ではその中から、要点だけをかいつまんでお話しします。

以下に紹介する事例は、菊栄親睦会の会員である皇族と旧皇族の方々以外には、これまで全く知られていなかったことばかりですが、旧皇族に対する謂《いわ》れのない誤解を解くためにも、どうぞこの情報を日本国民全体に拡散していただいて、旧皇族の皇籍復帰に役立てていただきたいのです。

## 拝賀、祭典、拝謁

『実録』を繙《ひもと》いた筆者にとって驚きだったのは、昭和天皇は十一宮家・五十一名の方が皇籍を離脱する半年以上前の昭和二十二年二月の段階で、「近く臣籍降下する宮家に対する降下後の宮中における取扱方針」（以下、「取扱方針」と略す）を、既に御聴許《ちょうきょ》になっていたという事実です。『実録』から、その部分を読んでみます（二月二十六日条）。

《近く臣籍降下する宮家に対する降下後の宮中における取扱方針の伺《うかが》いを受けられ、御聴許になる。これにより、降下後の宮家の拝賀、祭典、拝謁、御陪食《ばいしょく》・賜茶《しちゃ》、一般贈賜、婚儀・葬儀その他慶弔に際しての待遇に関する取扱方針が次のように定められる。》

以上を前置きとして、以下、具体的な取扱方針が次のように定められています。

まず、最初の「拝賀」の部分だけを通して読んでみます。

《拝賀については、新年・天長節・紀元節・明治節・皇后宮御誕辰《たんしん》・皇太后宮御誕辰及び臨機の皇室関係御慶事等の際にはこれを許され》

「天長節」というのは、言うまでもなく天皇誕生日のことで、「紀元節」は二月十一日の建国記念の日のことです。「明治節」は、今は文化の日になっていますが、元々は明治天皇のお誕生日です。それから「皇后宮御誕辰」は皇后のお誕生日、「皇太后宮御誕辰」は昭和天皇のお母さまの貞明《ていめい》皇后のお誕生日です。これらの記念日には旧皇族も「拝賀」を許される、というのがこの部分です。

拝賀というのは、聞きなれない人もおられるかもしれませんが、先ほど紹介した寛仁親王のお言葉が具体的イメージを浮かべやすいので、もう一度その部分を引用しておきます。

《お正月や天皇誕生日には、皇族と旧皇族が全員、皇居に集まって両陛下に拝賀というご挨拶をします。最初に我々皇族がお辞儀をして、その後、旧皇族の方々が順番にご挨拶をしていく。》

これが、拝賀です。お正月や天皇誕生日といった機会がある毎に、旧皇族は今まで同様、皇居に参内《さんだい》して両陛下に挨拶をされるわけです。

筆者が『実録』で昭和二十三年以降の四十年間の記録を調べた限りでは、寛仁親王の仰る通り、拝賀は新年と天皇誕生日の年二回、必ず行われています。つまり、旧皇族には少なくとも年二回、そういう拝賀の機会が必ずあるということです。

次に、「祭典」については、『実録』の「取扱方針」にはこう定められています。

《祭典については、春季及び秋季の皇霊祭・同神殿祭には特に参拝方《ほう》を取り計らい、その他の大祭には別の資格での参列を可能にすることとする。》

この祭典というのは、宮中祭祀のことです。宮中祭祀のうち、春秋の皇霊祭・神殿祭には旧皇族も参列できるように取り計らう。また、その他の大祭についても参列を可能にするということですが、筆者が『実録』の四十年間の記録を調べた限りでは、宮中祭祀に旧皇族が参列した記録はありません。

次は「拝謁」についてです。天皇陛下にお目通りすることを拝謁と言いますが、『実録』の「取扱方針」には次のようにあります。

《拝謁については、随時の参内《さんだい》拝謁、結婚等の際の挨拶のための拝謁が許される。》

これだけの記述なのですが、実際に四十年間の記録を調べてみますと、大変な数の参内・拝謁が、旧皇族の方々によって行われています。

ただし、拝謁の回数は、旧宮家によって極端な差があります。他を圧して多いのは東久邇家で、四十年で二百二十三回、拝謁した記録があります。平均すると、年五、六回は参内・拝謁していることになります。この原因ははっきりしていて、既述の通り、昭和天皇の第一皇女であった成《しげ》子《こ》内親王（照宮《てるのみや》）の嫁ぎ先が、東久邇家だったからです。

成子妃は三男二女と子宝にも恵まれたにも拘らず、末期癌のため、昭和三十六年七月に享年三十五歳という若さで亡くなっておられます。長女に先立たれた両陛下の衝撃が如何に大きかったかは、『実録』を見ると、まざまざとわかります。

成子妃が逝去された昭和三十六年の『実録』には、次のような記述さえあります（四月七日条）。

《宮内庁病院に入院中の東久邇成子をお見舞いのため、皇后と共に同病院にお出ましになる。これ以後、東久邇成子の入院中、ご公務の合間や御夕餐《ゆうさん》後などに皇后等と共に成子を見舞われること、二十七回に及ぶ。》

両陛下の方でも、このように頻々《ひんぴん》とご病気の成子妃を見舞っておられますが、東久邇家の方でも、事ある毎《ごと》に参内・拝謁しています。参内・拝謁の回数は、成子妃が亡くなった後の昭和四十年代になると一層多くなり、年に十回以上の参内・拝謁に及ぶことも稀ではありません。若くして逝《い》った成子妃に代り、残された五人の孫たちの成長を見届けようとされた両陛下のご意向が働いていたことは、明らかです。

つまり、東久邇家の参内・拝謁は、昭和天皇の皇女であった成子妃を中心に、成子妃が亡くなった後もその五人の子――昭和天皇から見れば五人の孫ですが、彼らを中心とした参内・拝謁が足繁く繰り返されているのです。

これは単なる参内・拝謁ではなく、成子妃が為そうとして為し得なかった子供たちの教育を、その祖父母である両陛下が、親代りとなって行っておられるのだということが、『実録』を読むとよく解ります。

## 御陪食・賜茶

拝謁の次に『実録』の「取扱方針」が取り上げているのは、「御陪食《ばいしょく》・賜茶《しちゃ》」についてです。「取扱方針」のその部分は、次の通りです。

《御陪食・賜茶に関しては、春秋など定期に催されるほか、皇室関係の御慶事、その家の御慶

事など、随時思召《おぼしめ》しによるものとする。》

「御陪食・賜茶」は、聞きなれない方もおられると思いますが、陪食は貴人と一緒に食事をすること、ここでは両陛下と一緒に食事をする、という意味です。また、賜茶はお茶を賜《たま》わると書きますから、両陛下とお茶の席を共にする、という意味になります。

実は、この春秋に行われる予定だった定期の「御陪食・賜茶」が、「菊栄親睦会」の定期的会合ということになります。『実録』を調査すると、その開催回数は四十年間で四十五回に及んでいます。次頁以下に掲げた表1は、その開催状況を示す一覧表です。平均すると、一年に一回は菊栄親睦会の例会が行われていたことになります。

また、これとは別に、皇室の慶事に際して臨時に持たれる、御陪食・賜茶の機会もあります。先に引用した「皇室関係の御慶事、その家の御慶事など、随時思し召しによる」というのがそれで、39頁の表2に示したように、四十年間にこうした御陪食・賜茶の機会は十二回持たれています。

その内訳は、両陛下の御結婚に因《ちな》むもの、例えば御結婚二十五年や五十年、いわゆる銀婚式や金婚式に因むものが三回、それから皇后の古希《こき》（七十歳）や喜寿《きじゅ》（七十七歳）を祝うものが二回、皇太子始め皇族の結婚を内輪で披露するものが五回、となっています（詳細は、表2の「開催趣旨」の欄を参照）。

## 表1　春秋など、定期の御陪食・賜茶一覧表

※「会場」は前者が御陪食・後者が賜茶、「人数」は両陛下を除いた参加人数（皇族・元皇族＋王公族）

| 回 | 年月日 | 会場 | 人数 | 開催趣旨 | 備考 |
|---|---|---|---|---|---|
| 1 | 22.12.24 | 二の間・三の間 | 24（3・21） | 皇籍離脱後の初会合 | 両陛下が親睦会基金を賜金 |
| 2 | 23.5.27 | 二の間・三の間 | 20（2・18） | 春季の初会合 | |
| 3 | 23,10.28 | 表一の間・表三の間 | 13（3・10） | 秋季の初会合 | |
| 4 | 24.6.26 | 表三の間・表一の間 | 不明 | | |
| 5 | 24.10.13 | 表一の間 | 25（5・20） | | |
| 6 | 24.12.21 | 表一の間 | 26（5・21） | 歳末の初会合 | 皇太后も臨席 |
| 7 | 25.10.20 | 表三の間 | 16（5・11） | | |
| 8 | 25.12.18 | 表一の間 | 25（4・21） | | |
| 9 | 26.12.19 | 表一の間 | 26（4・22） | | |
| 10 | 27.4.22 | 奥二の間 | 24（1・23） | | |
| 11 | 28.10.14 | 表西の間 | 25（不明） | 皇太子外遊から帰国 | |
| 12 | 29.4.26 | 表一の間・表三の間 | 17（4・13） | | |
| 13 | 29.12.13 | 表一の間 | 24（不明） | | |
| 14 | 31.5.22 | 表一の間・表三の間 | 28（不明） | 菊栄親睦会発足十年 | |
| 15 | 31.12.18 | 表一の間・表三の間 | 24（不明） | | |
| 16 | 32.5.29 | 表一の間 | 22（2・20） | | 午餐の御陪食のみ |
| 17 | 32.12.13 | 表一の間・表三の間 | 19（不明） | | |
| 18 | 33.12.16 | 表一の間 | 不明 | | 午餐の御陪食のみ |
| 19 | 35.12.21 | 表一の間・表三の間 | 不明 | | |
| 20 | 36.6.20 | 表一の間・表三の間 | 25（不明） | | |
| 21 | 36.11.26 | 表一の間・皇族休所 | 23（不明） | | 5.7 還暦奉祝会の映画上映 |
| 22 | 37.12.14 | 表一の間・表三の間 | 28（不明） | | |

| 回 | 年月日 | 会場 | 人数 | 開催趣旨 | 備考 |
|---|---|---|---|---|---|
| 23 | 38.12.18 | 表一の間 | 不明 | | |
| 24 | 39.2.16 | 表一の間・西の間 | 不明 | | 皇后還暦奉祝の映画上映 |
| 25 | 39.6.26 | 表一の間 | 不明 | | |
| 26 | 39.12.18 | 表一の間 | 25（不明） | | 午餐の御陪食のみ |
| 27 | 40.12.17 | 表一の間 | 23（不明） | | 午餐の御陪食のみ |
| 28 | 41.6.28 | 表一の間 | 不明 | | 午餐の御陪食のみ |
| 29 | 41.12.22 | 表一の間 | 26 | | 午餐の御陪食のみ |
| 30 | 42.6.26 | 表一の間・表三の間 | 25（不明） | | |
| 31 | 43.6.7 | 桃華楽堂・西の間 | 不明 | | 「日本人ここにあり」上映 |
| 32 | 43.12.24 | 表一の間・表三の間 | 30（不明） | | |
| 33 | 44.4.5 | 新宮殿豊明殿・連翠 | 不明 | 新宮殿のお披露目 | 春秋の間で舞楽を御覧 |
| 34 | 44.12.19 | 連翠 | 32（不明） | | 午餐の御陪食のみ |
| 35 | 45.12.18 | 連翠・石橋の間 | 29（不明） | | |
| 36 | 46.9.3 | 連翠・石橋の間 | 30（不明） | 欧州御訪問 | 午餐の御陪食・お茶の席 |
| 37 | 47.2.20 | 連翠・春秋の間 | 28（不明） | 欧州御訪問より帰国 | 春秋の間にてパネル展示 |
| 38 | 47.12.22 | 連翠・石橋の間 | 24（不明） | | 午餐の御陪食・お茶の席 |
| 39 | 50.9.7 | 連翠 | 30（不明） | 御訪米歓送会 | 菊栄親睦会主催は取り止め |
| 40 | 50.12.20 | 連翠・石橋の間 | 33（不明） | | 米国訪問の記録映画を上映 |
| 41 | 51.12.3 | 連翠北 | 33（不明） | | 午餐の御陪食のみ |
| 42 | 53.12.20 | 連翠北・連翠南 | 27（不明） | | 午餐の御陪食・お茶の席 |
| 43 | 57.6.9 | 連翠北 | 不明 | | 皇后は風邪のため欠席 |
| 44 | 59.6.16 | 連翠北・連翠南 | 34（不明） | | 午餐の御陪食・お茶の席 |
| 45 | 61.9.20 | 連翠北・連翠南 | 37（不明） | | 午餐の御陪食・お茶の席 |

（『昭和天皇実録』第十～第十八より、勝岡作成）

こうした菊栄親睦会の例会や、皇室の御慶事にまつわる臨時の御陪食・賜茶の会は、大体二十名から三十名の開催規模です。後に述べる菊栄親睦会の大会と比べると比較的小規模の会で、両陛下が皇族と旧皇族をお召しになって、皇居の中で開かれるため、一般国民には全くと言っていいほど知られていません。

ただ、こうした御陪食の機会は、両陛下がお年を召した昭和五十年代以降は、めっきり減っています。五十年代以降は、お年を召した両陛下に代って、皇太子同妃両殿下が菊栄親睦会の会員を招待することの方が多くなっていきます。

また、稀には陛下が主催されるのではなく、皇后やお子様方が主催される臨時の催しも、何度か開かれています。表3は、そうした両殿下の主催、もしくは皇后やお子様方主催による親睦会の開催状況を一覧表にしたものです。例えば、昭和三十年代に持たれた二回の親睦会は、天皇と皇后の還暦（六十歳）をそれぞれ祝うために開かれていますが、天皇の還暦を祝う会は皇后の主催、皇后の還暦を祝う会は皇太子始めお子様方の主催で開かれています。

いずれも皇族だけでなく、旧皇族も招かれており、ここでは昭和三十六年に開かれた親睦会の様子について、高松宮妃の貴重な証言を紹介したいと思います。

我々国民は、菊栄親睦会の会合というものが、果してどんな雰囲気の中で、どのようなプログラムで開かれるものなのか、情報もありませんので殆ど存じ上げません。そんな中でこの高松宮妃の証言は、その雰囲気を国民の我々にも解るように伝えてくれる、極めて貴重な証言となっています。

## 表2　皇室の慶事に伴う、御陪食・賜茶の会

※「会場」は前者が御陪食・後者が賜茶、「人数」は両陛下を除いた参加人数（皇族・元皇族＋王公族）

| 回 | 年月日 | 会場 | 人数 | 開催趣旨 | 備考 |
|---|---|---|---|---|---|
| 1 | 24.1.26 | 表一の間 | 25（不明） | 御結婚満 25 年記念 | 内宴として開催 |
| 2 | 25.5.22 | 表三の間・表一の間 | 不明 | 和子内親王結婚披露 | 御陪食はなく、お茶の会 |
| 3 | 27.10.3 | 表西の間 | 不明 | 厚子内親王結婚披露 | 天皇は風邪のため欠席 |
| 4 | 30.11.29 | 表三の間・表西の間 | 不明 | 正仁親王成年式 | 内宴として御夕餐の御会食 |
| 5 | 34.1.26 | 御文庫 | 17（6・11） | 御結婚満 35 年記念 | 祝宴、御成婚記録映画上映 |
| 6 | 34.4.11 | 西の間・表三の間 | 40 余名 | 皇太子同妃結婚披露 | 内宴 |
| 7 | 35.3.12 | 表三の間・表一の間 | 不明 | 貴子内親王結婚披露 | 茶会のみ |
| 8 | 39.10.1 | 西の間 | 不明 | 正仁親王結婚披露 | 内宴 |
| 9 | 44.4.24 | 鳳凰の間・連翠 | 不明 | 清子内親王命名の儀 | 内宴 |
| 10 | 48.3.9 | 松風の間・連翠 | 26（不明） | 皇后の古稀祝賀会 | 祝詞言上・写真・お茶の席 |
| 11 | 49.12.10 | 連翠・石橋の間 | 30（不明） | 御結婚満 50 年記念 | 午餐の御陪食・お茶の席 |
| 12 | 56.6.12 | 連翠北・連翠南 | 36（不明） | 皇后の喜寿祝い | 午餐の御陪食・お茶の席 |

（『昭和天皇実録』第十～第十八より、勝岡作成）

## 表3　皇室の慶事に伴う、両殿下もしくは皇后・お子様方主催による親睦会

※「会場」は前者が御陪食・後者が賜茶、「人数」は両陛下を除いた参加人数（皇族・元皇族＋王公族）

| 回 | 年月日 | 会場 | 人数 | 開催趣旨 | 備考 |
|---|---|---|---|---|---|
| 1 | 36.5.7 | 表一の間 | 不明 | 還暦奉祝 | 皇后主催 |
| 2 | 38.3.10 | 北の間 | 不明 | 皇后還暦奉祝 | 皇太子始めお子様方主催 |
| 3 | 46.5.9 | 松風の間・連翠 | 24(13・11) | 古稀奉祝 | 皇后主催、内宴・茶会 |
| 4 | 51.12.27 | 東宮御所(日月・塩地) | 19(10・9) | 御在位 50 年奉祝 | 皇太子同妃主催、内宴・茶会 |
| 5 | 54.4.19 | 花蔭亭（吹上御苑内） | 31（不明） | 皇后喜寿奉祝 | 皇太子同妃主催、内宴 |
| 6 | 56.5.30 | 花蔭亭（吹上御苑内） | 30（不明） | 天皇傘寿奉祝 | 皇太子同妃主催、内宴 |
| 7 | 58.4.17 | 花蔭亭（吹上御苑内） | 26（9・17） | 皇后傘寿奉祝 | 皇太子同妃主催、内宴 |
| 8 | 59.4.1 | 花蔭亭（吹上御苑内） | 24（不明） | 御結婚 60 年奉祝 | 皇太子同妃主催、内宴 |

（『昭和天皇実録』第十～第十八より、勝岡作成）

《昭和の陛下が御還暦をお迎え遊ばしたのを機会に、昭和三十六年の五月七日、皇族、旧皇族を始め、宮内庁の主だった人たちみんなで、奉祝の会を開くことになった。場所は皇居の中、閉会の辞を述べる司会役は内親王の島津貴子様、進行係は鷹司平通《たかつかさひらみち》様が受け持たれた。》

この鷹司平通様というのは、昭和天皇の第三皇女・鷹司和子様の夫君《おっとぎみ》です。引用を続けますが、次に出てくる「宮様」というのは、高松宮のことです。

《山田、入江の両侍従が謡曲「高砂《たかさご》」で前座を承《うけたまわ》り、二番目が宮様と私の雅楽「越天楽《えてんらく》」になった。この日のために、私たちは前々から猛練習をした。宮さまの龍笛《りゅうてき》に私が雅楽の御琴で合わせなくてはならない。

宮さまはもともと尺八がお上手で、私と結婚遊ばす前から先生について尺八を習っていらして、軍艦の中でも独り吹いて楽しんでらしたそうだから、笛には自信がおありになるのだが、私の方が、雅楽の御琴、初めてなのである。》

高松宮は、戦時中は海軍士官として軍艦「比叡」などに乗り込んでおられました。少し飛ばして、引用を続けます。

《「猛練習」と言っても、かなりの泥縄《どろなわ》だったが、ともかくも練習の甲斐《かい》あって、二人で無事に奏し了《お》え、ホッとした。

あとは、お孫様にあたる東久邇文子《ふみこ》様たちの劇や、女官一同の歌曲合唱、東久邇信彦様のピアノ独奏、朝香鳩彦《やすひこ》様の御歌と進んで、東宮《とうぐう》様と美智子妃殿下はセロ、ピアノの二重奏をお聞かせになる、義宮《よしのみや》様（常陸宮）が中心になって「彦一とんちばなし」をなさる、宇佐美宮内庁長官と永積侍従の手品もあった。

おしまいが近づき、プログラムの二十番ぐらい、皇后様を中心に、秩父宮妃殿下、三笠宮妃殿下、北白川房子《ふさこ》様、東久邇聡子《としこ》様（このお二方は明治天皇の内親王）、それに私と、六人で謡曲「猩々《しょうじょう》」をうたった。ついで、鷹司平通さん指揮による「聖寿無量」という歌を全員で合唱した。最後の最後に、お孫様のうち一番お小さかった東久邇優子《ゆうこ》様が進み出て、陛下に花束をおあげになると、陛下は今にもとろけそうな御笑顔でそれをお受け取り遊ばした。これで奉祝会終了。あとは皆で御茶をいただいて、めでたく解散した。》

（高松宮妃喜久子『菊と葵のものがたり』）

以上は、昭和天皇の還暦をお祝いした親睦会の一コマですが、ここには皇族と旧皇族の区別は一切ありません。陛下の還暦を一緒にお祝いしようと、皇族と元皇族、それに侍従や女官、宮内庁長官といった宮内庁関係者までもが加わって、皆で一緒に親睦会を楽しまれている様子が、手に取るようにわかります。

「御陪食・賜茶」の会というと、何だか堅苦しそうに聞こえますが、実際にはこんなに打ち解けた内輪の会が、皇族と旧皇族の間では定期的に、また臨時に持たれているということなのです。

## 園遊会

旧皇族と皇室の関わりを示すものとしては、他にも私たち国民には周知の園遊会があります。園遊会には必ず旧皇族も招かれ、天皇・皇族方から御会釈《えしゃく》を賜わる機会が設けられています。

この園遊会についても、有名な割には開催に至った経緯や、開催状況のデータなど、殆ど知られていないと思います。園遊会が始まったのは昭和二十八年以降で、これは戦前の「観桜会」や「観菊会」が支那事変以降、戦争によって中止されていたのを、講和独立後に園遊会として復興したのです。

44頁以下の表4は、園遊会の開催状況を示した一覧表です。これを見ると判る通り、現在のように春秋の二回行われるようになったのは、昭和四十年以降のことです。昭和の御代だけで、園遊会は五十七回も開催された記録があります。

ここで特筆すべきは、園遊会における旧皇族の位置付けです。というのは、「招待された者」の筆頭に「元皇族」の語があり、内閣総理大臣以下の諸員は、その後に位置付けられているのです。

このことは、皇籍離脱の直後に昭和天皇ご自身が定められた旨の記述が、『実録』（昭和二十二年十月二十一日条）にあります。その規定によれば、旧皇族の「位置付けは皇族の次、諸員の上」とされているのです。これは、諸員の筆頭が内閣総理大臣であることから、旧皇族を皇族に準ずるものとして位置づけていることを意味します。

## 即位礼正殿の儀における宮中席次（令和元年）

1　外国元首
2　祝賀使節等
3　駐日外交使節団の長等
4　旧皇族、御親族
5　内閣総理大臣、国務大臣
6　衆議院議長・議員
7　参議院議長・議員
8　最高裁判所長官・判事
9　内閣官房副長官（以下、略）

園遊会では、天皇と皇族が招待者のテントを順に廻《まわ》られるのですが、その最初に御会釈を賜わるのは常に「菊栄親睦会会員」、つまり旧皇族で、内閣総理大臣以下の「諸員」が御会釈を賜わるのは、あくまでその次なのです（但し、初期には例外あり）。

このことは、現在においても同様です。例えば、令和元年に行われた「即位礼正殿の儀における宮中席次」（上図）を見ていただければわかる通り、「旧皇族、御親族」は宮中席次の4番目に位置しています。1〜3までは外国の元首や外国の賓客《ひんきゃく》ですので、別格と考えられますが、内閣総理大臣以下の閣僚や国権の長などは、皆5番目以下に位置しています。

つまり、「皇族の次、諸員の上」という、昭和二十二年の皇籍離脱直後に昭和天皇が定められた旧皇族の位置づけが、今日でもなお生きているのです。

## 表４　園遊会開催状況

| 回 | 年月日 | 場所 | 備考 |
|---|---|---|---|
| 1 | 28.11.5 | 大宮御所（赤坂） | 戦後初めての園遊会、招待された者の筆頭に「元皇族」 |
| 2 | 30.11.8 | 皇居内広庭 | 「菊栄親睦会会員」として招待も、順序は下がる。 |
| 3 | 31.11.6 | 皇居内広庭 | 同上 |
| 4 | 32.11.4 | 皇居内広庭 | 同上 |
| 5 | 33.11.5 | 皇居内広庭 | 同上 |
| 6 | 35.4.12 | 皇居内広庭 | 同上。34 年 11 月開催予定が、台風のため延期された。 |
| 7 | 35.11.4 | 皇居内広庭 | 同上 |
| 8 | 36.11.1 | 皇居内広庭 | 同上 |
| 9 | 37.10.30 | 皇居内広庭 | 「菊栄親睦会会員」が招待者の筆頭（内閣総理大臣の前）に。 |
| 10 | 38.10.22 | 赤坂御苑 | 同上。新宮殿建造中につき会場変更。以後、赤坂御苑が恒例化 |
| 11 | 39.11.10 | 赤坂御苑 | 同上 |
| 12 | 40.4.23 | 赤坂御苑 | 同上。初の春季開催。以後、春秋２回開催が恒例となる。 |
| 13 | 40.11.10 | 赤坂御苑 | 同上 |
| 14 | 41.5.24 | 赤坂御苑 | 同上 |
| 15 | 41.11.11 | 赤坂御苑 | 同上 |
| 16 | 42.5.19 | 赤坂御苑 | 同上 |
| 17 | 42.11.10 | 赤坂御苑 | 同上 |
| 18 | 43.5.14 | 赤坂御苑 | 同上 |
| 19 | 43.11.8 | 赤坂御苑 | 同上 |
| 20 | 44.5.16 | 赤坂御苑 | 同上 |
| 21 | 44.11.6 | 皇居東御苑 | 皇居東御苑での初開催。御会釈の順序に変更有り。 |
| 22 | 45.5.26 | 赤坂御苑 | 「菊栄親睦会会員」の位置づけ、元に戻る（招待者の筆頭）。 |
| 23 | 45.11.10 | 赤坂御苑 | 同上 |
| 24 | 46.5.11 | 赤坂御苑 | 同上 |
| 25 | 46.11.2 | 赤坂御苑 | 同上 |
| 26 | 47.5.18 | 赤坂御苑 | 同上 |
| 27 | 47.11.1 | 赤坂御苑 | 同上 |
| 28 | 48.5.18 | 赤坂御苑 | 同上 |
| 29 | 48.10.31 | 赤坂御苑 | 同上 |
| 30 | 49.5.10 | 赤坂御苑 | 同上 |

| 回 | 年月日 | 場所 | 備考 |
|---|---|---|---|
| 31 | 49.10.30 | 赤坂御苑 | 「菊栄親睦会会員」の位置づけ、元に戻る（招待者の筆頭）。 |
| 32 | 50.5.30 | 赤坂御苑 | 同上 |
| 33 | 50.10.30 | 赤坂御苑 | 同上 |
| 34 | 51.5.27 | 赤坂御苑 | 同上 |
| 35 | 51.10.29 | 赤坂御苑 | 同上 |
| 36 | 52.5.24 | 赤坂御苑 | 同上 |
| 37 | 52.10.28 | 赤坂御苑 | 同上。皇后は腰痛のため欠席。 |
| 38 | 53.5.30 | 赤坂御苑 | 同上。両陛下主催を、天皇お一方による催しに改める。 |
| 39 | 53.10.24 | 赤坂御苑 | 同上 |
| 40 | 54.5.18 | 赤坂御苑 | 同上 |
| 41 | 54.10.24 | 赤坂御苑 | 同上 |
| 42 | 55.5.9 | 赤坂御苑 | 同上 |
| 43 | 55.10.7 | 赤坂御苑 | 同上 |
| 44 | 56.5.8 | 赤坂御苑 | 同上 |
| 45 | 56.10.28 | 赤坂御苑 | 同上 |
| 46 | 57.5.18 | 赤坂御苑 | 同上 |
| 47 | 57.10.27 | 赤坂御苑 | 同上 |
| 48 | 58.5.13 | 赤坂御苑 | 同上 |
| 49 | 58.11.2 | 赤坂御苑 | 同上 |
| 50 | 59.5.11 | 赤坂御苑 | 同上 |
| 51 | 59.10.30 | 赤坂御苑 | 同上 |
| 52 | 60.5.29 | 赤坂御苑 | 同上 |
| 53 | 60.10.30 | 赤坂御苑 | 同上 |
| 54 | 61.5.16 | 赤坂御苑 | 同上 |
| 55 | 61.10.29 | 赤坂御苑 | 同上 |
| 56 | 62.5.20 | 赤坂御苑 | 同上 |
| 57 | 63.5.19 | 赤坂御苑 | 「菊栄親睦会会員」の記載なし |

（『昭和天皇実録』第十〜第十八より、勝岡作成）

## 菊栄親睦会大会

最後に取り上げたいのが、菊栄親睦会の大会です。

菊栄親睦会の大会は、両陛下がお招きになる形の菊栄親睦会の定期の例会（既述）とは別に、皇室の慶事があった際に、親睦会の主催で特別に催される会のことを言います。天皇・皇后両陛下は元より、皇族と旧皇族及びその親族が一堂に会し、百人以上が集まることも珍しくありません。

菊栄親睦会の大会についても、これまでいつ、どこで、何回行われたのか、全くデータがなかったのですが、『実録』によって初めて（昭和時代に限りますが）、その全貌が明らかになりました。次頁の表5は、菊栄親睦会大会の開催状況ですが、筆者の調査によれば、菊栄親睦会の大会は昭和二十二年十一月以降、昭和天皇が崩御される昭和六十四年一月までの四十一年間に、少なくとも十七回開催されています。

開催の頻度を見ると、昭和二十年代が五回、三十年代が六回、四十年代が四回、五十年代が二回となっています。三十年代をピークに、ほぼ二年から三年に一回は持たれていますが、昭和天皇の晩年は五年に一回ほどに減っています。

毎回皇族と旧皇族の数名が幹事となり、両陛下をお招きする形で行われ、会場は、両陛下が主催され、皇居内で行われる例会とは異なり、基本的に皇居の外で行われます。

開催理由は多岐にわたりますが、両陛下にまつわるものだけで昭和時代に六回行われています

## 表５　菊栄親睦会大会開催状況

※参加人数のカッコ内は（皇族・旧皇族）の各人数である。備考欄の「写真」は記念写真の撮影あり。

| 回 | 年月日 | 開催場所 | 参加人数 | 開催趣旨 | 備考 |
|---|---|---|---|---|---|
| 1 | 22.11.15 | 内廷庁舎 | 21（3・18） | 皇籍離脱に際し、催された。 | |
| 2 | 24.4.24 | 高松邸・光輪閣 | 不明 | 両陛下銀婚式奉祝春季大会 | |
| 3 | 25.5.11 | 表休所（皇居内） | 不明 | 和子内親王結婚祝い | |
| 4 | 27.12.14 | 光輪閣 | 124 | 皇太子立太子礼の御祝、池田隆政・同夫人厚子結婚祝い | 臨時大会 |
| 5 | 28.11.29 | 綱町三井倶楽部 | 約 110 | 皇太子の帰国祝い | 臨時大会 |
| 6 | 30.5.22 | 綱町三井倶楽部 | 100 余名 | 高松宮両殿下の銀婚の御祝 | 春季大会、写真 |
| 7 | 32.2.27 | 光輪閣 | 28+2 | 久邇邦昭・同夫人正子結婚祝い | +2 は正子両親 |
| 8 | 33.11.16 | 綱町三井倶楽部 | 不明 | 賀陽治憲・同朝子の結婚祝い | 写真 |
| 9 | 35.10.16 | 白金迎賓館 | 不明 | 皇太子の御成婚、貴子内親王の結婚、伏見博明の結婚祝い | 写真 |
| 10 | 36.11.12 | 綱町三井倶楽部 | 不明 | 天皇陛下の御還暦奉祝 | 写真 |
| 11 | 38.10.13 | 綱町三井倶楽部 | 不明 | 皇后陛下の還暦祝賀 | |
| 12 | 40.5.29 | ホテルオークラ | 不明 | 正仁親王・東久邇盛厚の結婚祝い | |
| 13 | 42.4.16 | 綱町三井倶楽部 | 不明 | 三笠宮両殿下の銀婚、甯子内親王の結婚祝い | 写真 |
| 14 | 44.9.14 | 霞会館 | 不明 | 梨本伊都子の米寿、北白川房子の傘寿の御祝 | |
| 15 | 47.5.28 | 宮内庁庁舎 | 不明 | 天皇陛下の古稀・欧州帰国祝い、梨本伊都子卒寿、朝香誠彦結婚祝い | 写真 |
| 16 | 52.5.22 | 林鳥亭（吹上御苑） | 不明 | 天皇陛下の御在位五十年奉祝、朝香鳩彦・東久邇稔彦の卒寿、東久邇聡子の傘寿、賀陽恒憲喜寿の祝い | 写真 |
| 17 | 59.11.4 | 赤坂東邸 | 98 | 両陛下御結婚六十年、皇太子同妃結婚二十五年の御祝 | 写真 |

（『昭和天皇実録』第十～第十八より、勝岡作成）

（銀婚式奉祝、天皇陛下御還暦奉祝、皇后陛下還暦祝賀、天皇陛下古希・欧州帰国祝い、御在位五十年奉祝、御結婚六十年の御祝）。皇太子関係では、立太子礼・御成婚・結婚二十五周年のお祝いなど四回あり、やはり両陛下や皇太子の御慶事にまつわるものが多いように感じます。

あとは、親王・内親王の結婚を祝うものが五回あり、高松宮・三笠宮両殿下の銀婚を祝うもの、他に旧皇族の結婚の祝いや、旧皇族の喜寿《きじゅ》（七十七歳）・傘寿《さんじゅ》（八十歳）・米寿《べいじゅ》（八十八歳）・卒寿《そつじゅ》（九十歳）のお祝いを兼ねて行われることも結構あります（詳細は、表5の「開催趣旨」の欄を参照）。

菊栄親睦会の正会員は、成年以上の皇族と旧皇族の当主に当る系統の夫妻ですが、大会の折には正会員以外の旧皇族の親族も招かれているようです。なお、天皇皇后両陛下及び皇太子同妃両殿下は、名誉会員としてお招きする形を取っています。

このように、大会は普段の例会と異なり、旧皇族本人だけでなく、その家族や親族まで招かれるため、開催規模は百人を超えることも珍しくありません。正に皇族と旧皇族が一堂に会した集まりが、このような形で現在も続いています。

そこで、次頁の「旧宮家略系図」を見ながら、もう少し具体的に説明をします。というのは、旧皇族と一口に言っても、我々国民には馴染みがない方々ばかりで、具体的イメージがなかなか湧《わ》かないからです

この略系図に四角で1から5まで番号を付けました。この方々が具体的に旧宮家の系図のどこに位置しているのかを確認しながら、旧皇族に対する理解を深めていただければ、と思います。

まず、この系図の四角の1番の方、この方は、東久邇信彦《のぶひこ》氏（1）です。系図を辿ると、大変

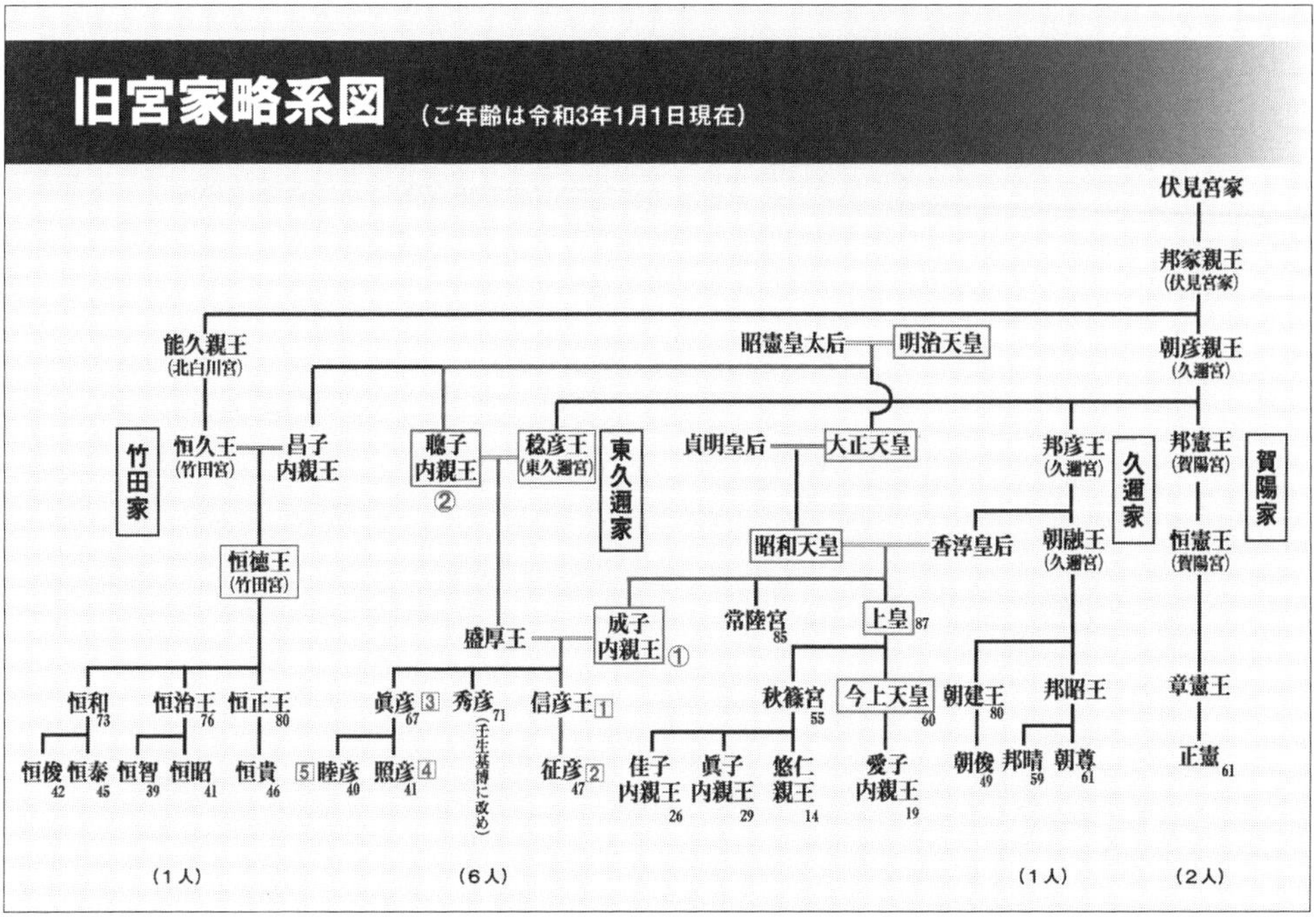


な方だということが、直ぐにわかります。

というのは、この方の母は成子《しげこ》内親王（①）で、既に詳しく紹介した昭和天皇の第一皇女です。今の上皇陛下のお姉様ですね。ですから信彦氏は、昭和天皇の初孫に当ります。それから、信彦氏の父方の祖母は聡子《としこ》内親王（②）で、明治天皇の第九皇女です。すなわち、信彦氏は昭和天皇の皇女である母親と、明治天皇の皇女を母に持つ父親との間に生まれているわけです。大変な家系です。信彦氏は皇籍離脱当時、僅《わず》か三歳でした。残念ながら、平成三十年に亡くなられています。

そしてそのお子様が、四角の2番で示した東久邇征彦《まさひこ》氏（2）です。この方は昭和四十八年生れ、現在四十七歳で、この方が現在の東久邇家の当主です。

また、この略系図を見ますと、四角の3番は、成子妃の三男に当る眞彦《なおひこ》氏（3）です。

そしてその眞彦氏には、二人の男のお子様がいます。略系図を見ていただくとわかる通り、4番は照彦《てるひこ》氏（④）、5番は睦彦《むつひこ》氏（⑤）です。令和三年現在では四十一歳と四十歳になっておられます。

これは東久邇家の例ですが、略系図で言うと一番下の段に（6人）とあるのは、さらにその下の世代（悠仁親王と同世代）に東久邇家全体で六人の未婚の男子がいることを示しています。この方々は、そのいずれもが神武天皇以来の血筋を引く「皇統に属する男系の男子」であるばかりか、高祖母の聡子内親王や曾祖母の成子内親王を通じて、明治天皇と昭和天皇の子孫でもある方々なのです。

東久邇家だけでなく、同様の条件を備えた男系男子は竹田家にも一人、久邇家にも一人、賀陽家にも二人おられ、全部で十人ほどいる、と言われています。

これらの男系子孫の内のどなたかに、今のうちに皇籍に復帰していただいて、何十年か後には悠仁親王の後を継いで、天皇としてお立ちいただくことになったとしても、これは二百年前に光格天皇がお立ちになったのと比べても、系図の上から言って、少しも不自然ではないと思うわけです。

# 終章　安定的な皇位継承の実現のために、国民は今何をなすべきか

## 旧皇族の方々の覚悟と、国民の責務

旧皇族をめぐる問題で、一番大切なことは何でしょうか。

それは旧皇族の方々、とりわけ旧皇族の男系に連なる男子孫は、初代神武天皇以来、ただ一つの例外もなく男系でつないできた万世一系の皇統に連なっておられる――皇室典範第一条に言う「皇統に属する男系の男子」である、という事実なのです。その意味で、これらの方々は潜在的に皇位を継承する資格をお持ちの方々である、と言っても決して過言ではありません。

そこで、旧皇族の子孫の方々に、何とかして皇籍に復帰していただく必要があるわけですが、こういう話が伝わっています。昭和二十一年冬、宮内省で開かれた重臣会議の席上、終戦時の首相・鈴木貫太郎が、十一宮家の皇籍離脱によって「将来皇位継承者がいなくなったらどうするか」と尋ねたのに対し、加藤進宮内府次長は次のように答えたというのです。

《かつての皇族の中に社会的に尊敬される人がおり、それを国民が認めるならその人が皇位についてはどうでしょうか。》

（高橋紘・鈴木邦彦『天皇家の密使たち』）

加藤はまた、皇籍を離脱しようとする十一宮家の方々に対しては、次のように進言しています。これは、我々国民が心に留めておくべき重要な歴史事実、と言わねばなりません。

《万が一にも皇位を継ぐべきときが来るかもしれないとの御覚悟の下で身をお慎みになっていただきたい。》

（前掲、加藤「戦後日本の出発」）

これは、驚くべき発言だと言わねばなりません。理不尽な占領政策によって強いられたこととはいえ、これから皇籍を離脱して一般国民になろうとする人々に対して、「万が一にも皇位を継ぐべきときが来るかもしれないとの御覚悟」を促しているわけですから。

一体何故、当時の宮内府幹部はここまでの覚悟を、旧皇族に対して求めたのでしょうか。

それは「血のスペア」を失った戦後日本の皇統が、いずれ行き詰まることを見通していたかの如《ごと》き発言でした。そして事態は正に彼が危惧《きぐ》した通り、皇統の危機を招来《しょうらい》しつつあるのです。

旧皇族の方々は、GHQの政策により、一時的に皇籍を去ることを余儀なくされたものの、それは長い長い日本の歴史から見れば、一時の「変態」というべきものであって、いずれは「常態」に復すべき正当な理由があるということを、我々国民が正確に理解する必要があります。

本来、皇位継承権を持っておられた方が、理不尽な占領政策により、一時的に民間に下られたのです。しかし、これまで縷々《るる》申し上げてきた通り、旧皇族の方々と今の皇室は、依然として強いつながりが維持されていて、寛仁親王がいみじくも証言されたように、少なくとも皇族の方々にとっては、旧皇族の方々に皇籍に復帰していただくことに対して、少しも違和感はないのです。皇族の方々には違和感はないのに、旧皇族についてろくに知りもしない国民の方が違和感があるからと言って、私たちはそれを妨《さまた》げていいのでしょうか。いいわけがない、と思うのです。旧皇族の御子孫の方々に、皇籍に復帰していただくことこそが、悠仁親王の後の皇位継承を安泰にするために、今最も必要とされていることなのです。

最後に、竹田恒泰《つねやす》氏の言葉を紹介しておきましょう。

竹田氏は、ご自身も明治天皇の血を引く旧皇族の末裔《まつえい》の一人ですが（49頁の「旧宮家略系図」を参照、祖父が皇籍離脱した竹田恒徳《つねよし》王、曾祖母（恒徳王の母）は明治天皇第六皇女の昌子《まさこ》内親王）、二十人以上の旧皇族の方々と接触した結果として、次のように断言されています。

《万が一、何らかの方法で旧皇族の皇籍復帰が求められる事態に至った場合は、一族としてその要望に応える覚悟を決めておかなくてはいけないと考える人が、大半を占めていることを明確にしておきたい。

ただし、一族の中には、自ら進んで皇族になることを希望する者はいない。皇室から、そして国民から求められた場合には、責任を果たしていかなくてはいけないと覚悟している者が複数いて、その数が増えつつあることは確かである。》

（竹田恒泰「皇統問題　旧皇族一族の覚悟」、『正論』平成二十四年四月号）

このように、旧皇族の方々は、ご自分では敢えて口にされませんが、重大な「御覚悟」を内に秘めておられると思って、間違いありません。あとは、我々国民の側が、旧皇族の方々が皇籍に復帰しやすいような環境を整える、そのことが必要とされているだけではないでしょうか。

例えば、皇室典範の第九条は「天皇及び皇族は、養子をすることはできない」として、養子縁組を禁止していますが、この条項を改正して宮家が旧皇族の子孫を養子に出来るようにすることは、現実的な方法の一つだと思われます。出来るだけ自然な方法で、旧皇族が皇籍に復帰できるよう、国民の英知を傾けたいものです。

旧皇族及びその子孫についての国民の理解が、今後一層深まり、皇籍復帰の機運が高まることを願ってやみません。

著者略歴

**勝岡 寛次**（かつおか かんじ）

昭和32年生まれ。広島県出身。早稲田大学第一文学部卒、同大学院博士課程修了。現在、明星大学戦後教育史研究センター勤務、歴史認識問題研究会事務局長。著書に『抹殺された大東亜戦争』『明治の御代』『昭和天皇の祈りと大東亜戦争』『「慰安婦」政府資料が証明する〈河野談話〉の虚構』『天皇と国民の絆』（以上、明成社）、監修本に『日本近代史の真実—50の質問に答える』（展転社）、ほか多数。


**皇統《こうとう》を守《まも》る道《みち》**

『昭和天皇実録《しょうわてんのうじつろく》』に見《み》る「旧宮家《きゅうみやけ》」の真実《しんじつ》


令和三年七月二十六日　初版第一刷発行
令和四年三月十一日　初版第二刷発行

著　者　勝岡 寛次
発行者　田尾 憲男
発　行　株式会社明成社
〒一五〇―〇〇三一
東京都渋谷区桜丘町二十三番十七号
シティコート桜丘四〇八
電　話　〇三（六四一六）四七七二
ＦＡＸ　〇三（六四一六）四七七八
https://meiseisha.com
印刷所　モリモト印刷株式会社



乱丁・落丁は送料当方負担にてお取替え致します。
©Kanji Katsuoka, 2021 Printed in Japan



ISBN978-4-905410-64-5 C0023